Sybille Rogaczewski-Nogai

Knooking-Spaß

Die neue Häkeltechnik kinderleicht erklärt

Neuer Wollspaß, macht alle mit!

Mit Wolle hast du sicher schon oft etwas gebastelt, gehäkelt oder gestrickt. Jetzt gibt's was Neues: **Knooking!** Das ist Häkeln im Stricklook, denn die fertigen Läppchen sehen aus wie gestrickt, sind aber mit einer ganz besonderen Nadel gehäkelt. Das ist nicht schwer, und du hast es im Handumdrehen raus, wenn du dir die Zeichnungen in diesem Buch anschaust und Schritt-für-Schritt danach lernst.
In diesem Buch gibt es viele Ideen, was du aus den geknookten Teilen alles machen kannst: Deko für dein Zimmer, schicker Schmuck, niedliche Spielgefährten und sogar ein Krokodil zum Kuscheln. Probier es gleich mal aus! Du wirst sehen, Knooking macht riesig Spaß.

Viel Erfolg wünscht eure

Sybille

Rogaczewski-Nogai

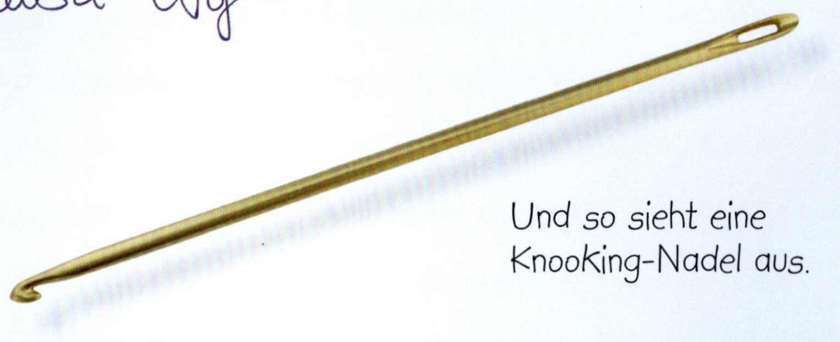

Und so sieht eine Knooking-Nadel aus.

Inhalt

Los geht's mit Luftmaschen.

6 Schmuckes für die Arme
12 Ein Zuhause für die Stifte

Jetzt wird geknookt!

14 Babykätzchen
20 Krimskrams-Körbchen
24 Hüpf-Frösche
28 Hängeherzen
32 Kuschelkörner-Kissen

Hier kommen Streifen ins Spiel.

36 Für allerei Kleinkram
42 Krokodil zum Wärmen

46 Impressum

Schmuckes für die Arme

Deine Freundin wird staunen, wenn du immer wieder neue tolle Armbänder trägst. Am besten du machst gleich für alle deine Mädels welche – das sind coole Freundschaftsbänder!

Das brauchst du:

- bunte Garnreste
- Moosgummischlauch, 10 cm lang
- Gummifaden, 1 mm Durchmesser, 25 cm lang
- Bastelkleber
- Wäscheklammern
- spitze, lange Stopfnadel
- alte Zeitung

So geht's:

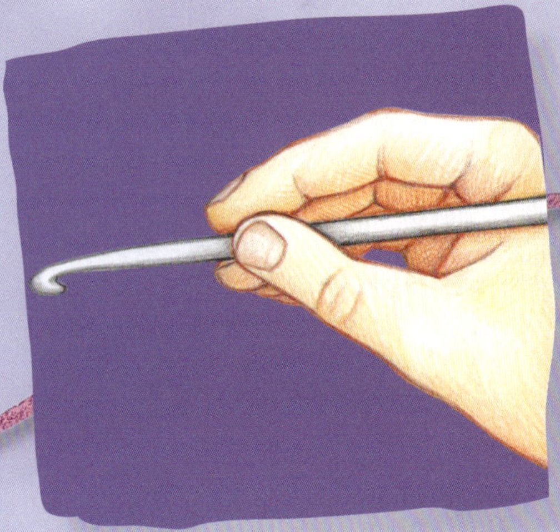

1 Halte die Nadel wie einen Bleistift.

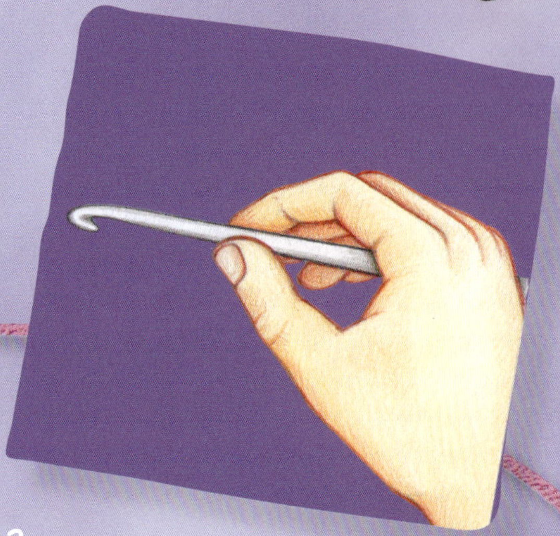

2 Oder halte die Nadel wie eine Stricknadel.

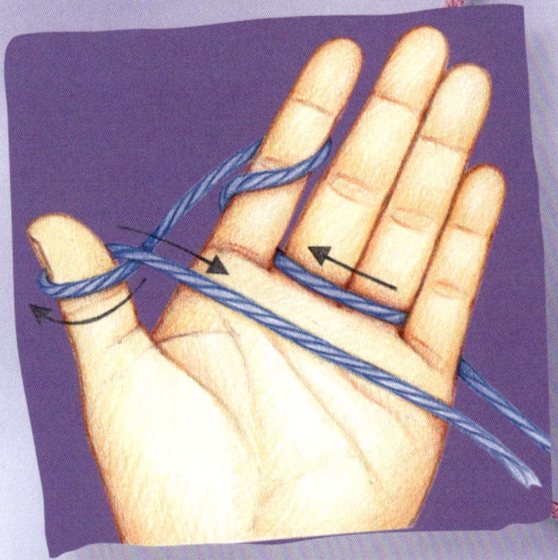

3 Als erstes häkelst du eine Luftmaschenkette: Lege den Faden um die linke Hand.

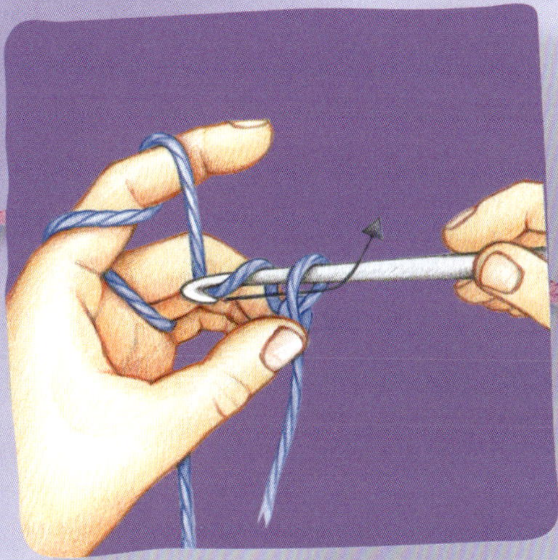

6 Das wiederholst du, bis du so viele Luftmaschen gehäkelt hast, wie in der Anleitung angegeben sind. Halte dabei immer die zuletzt gehäkelte Luftmasche mit Daumen und Mittelfinger fest.

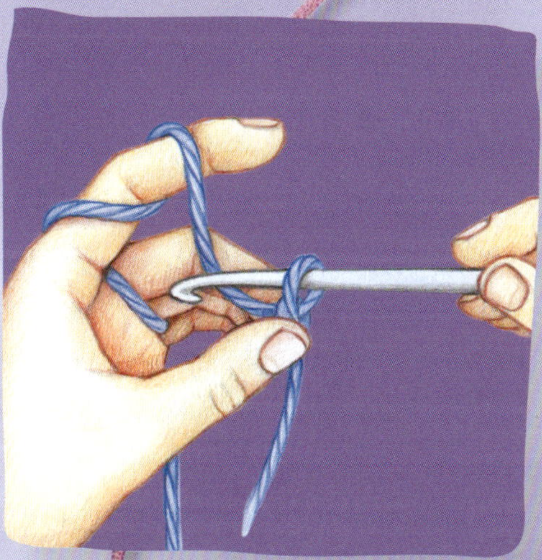

5 Halte den Anschlagknoten mit Daumen und Mittelfinger. Hole den Faden, der vom Zeigefinger kommt, von unten mit dem Haken und zieh ihn durch die Anfangsschlinge. Das ist deine erste Luftmasche.

4 Schiebe die Knooking-Nadel von unten in die Daumenschlinge. Fasse den Faden, der vom Zeigefinger kommt, mit dem Häkchen und ziehe ihn durch die Daumenschlinge. Nimm den Daumen aus der Schlinge und zieh die Schlinge enger, so dass sie locker auf der Nadel liegt, aber nicht herunterrutscht. Das ist der Anschlagknoten.

7 Häkle für jedes Armband eine 20 cm lange Luftmaschenkette, das sind etwa 50 Maschen.

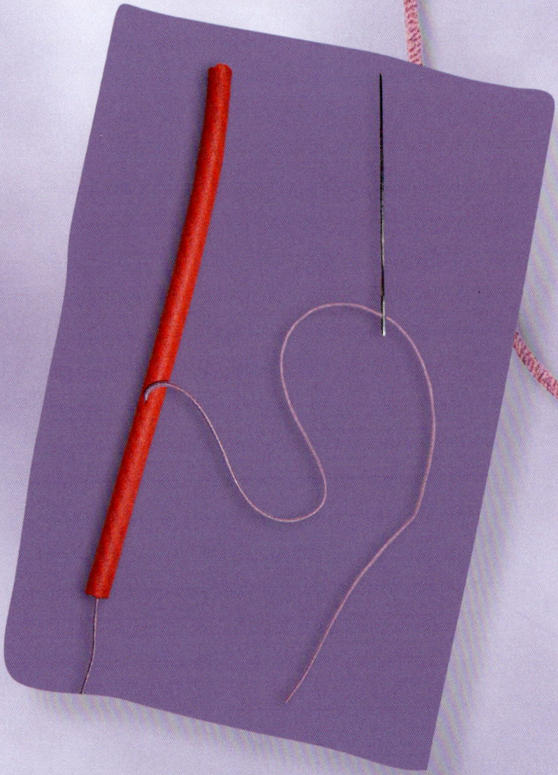

8 Fädle den Gummifaden in die Stopfnadel, stich damit an einem Ende in den Gummischlauch ein und durch die Wand des Schlauchs wieder aus.

10 Lege die Luftmaschenkette auf die Zeitung und gib Kleber darauf.

11 Wickle die Luftmaschenkette um den Moosgummischlauch und klemme Anfang und Ende mit Wäscheklammern fest, bis der Kleber getrocknet ist.

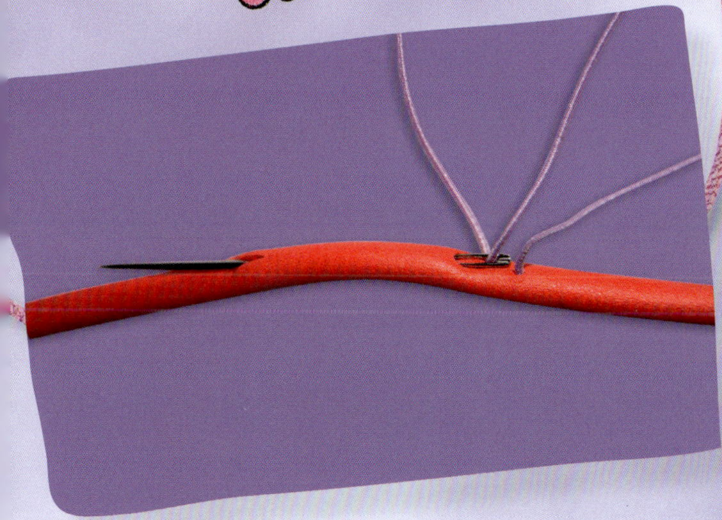

9 Stich gleich daneben wieder in die Röhre und mach 2 bis 3 mal so weiter bis die Nadel am anderen Ende des Schlauchs heraus kommt. Entferne die Nadel und ziehe den Faden gleichmäßig auf beide Seiten.

Ein Zuhause für die Stifte

Kennst du das auch: Du möchtest malen und kannst die richtigen Stifte nicht finden? Schluss damit! Wenn du alle Stifte in diesen schönen Dosen aufbewahrst, hast du sie immer griffbereit!

Das brauchst du:

- Garnreste
- dickes, farbiges Klebeband
- leere Konservendose
- Bastelkleber

1 Häkle 3 Luftmaschenketten, ungefähr so lang, wie du groß bist. Schau noch mal auf Seite 8. Da ist erklärt, wie du die Luftmaschen anschlägst.

2 Klebe das Klebeband so um die offene Kante der Konservendose, dass es oben übersteht und du es nach innen umschlagen kannst.

3 Trage 4 bis 5 Klebestreifen von oben nach unten auf die Außenseite der Dose auf.

4 Wickle die Luftmaschenketten rund um die Dose (zieh sie dabei glatt) und verknote die Enden miteinander.

Babykätzchen

Wie süß! Jeder wird die kleinen Kuschelkätzchen lieben.
Dabei sind sie ganz einfach und schnell gemacht.
Nimm deine Lieblingsfarben!

Das brauchst du:

- mittelstarkes Garn in zarten Farben
- geknooktes Viereck (12 Maschen, 33 Reihen) 5 x 10 cm
- Füllwatte
- Garnreste
- Filzreste
- lange, spitze Stopfnadel
- Bastelkleber

So geht's:

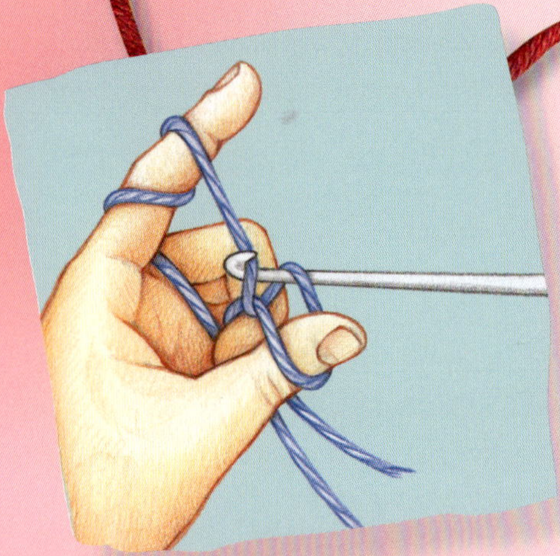

1 Schlage 12 Luftmaschen an. Schau noch mal auf Seite 8. Da ist erklärt, wie es geht.

2 So fasst du Maschen auf: Drehe die Luftmaschenkette nach unten. Die Schlaufe auf der Nadel bildet die 1. Masche. Stich in den quer liegenden Faden auf der Rückseite der 2. Luftmasche, hole den Faden mit dem Häkchen und ziehe ihn durch. Lass die Schlinge als Masche auf der Nadel liegen.

6 Am Anfang jeder Reihe stichst du in die 1. Masche (die heißt Randmasche) ein, leg dabei den Arbeitsfaden vor deine Arbeit, ziehe ihn aber nicht durch die Masche. Lass die Randmasche auf der Nadel liegen.

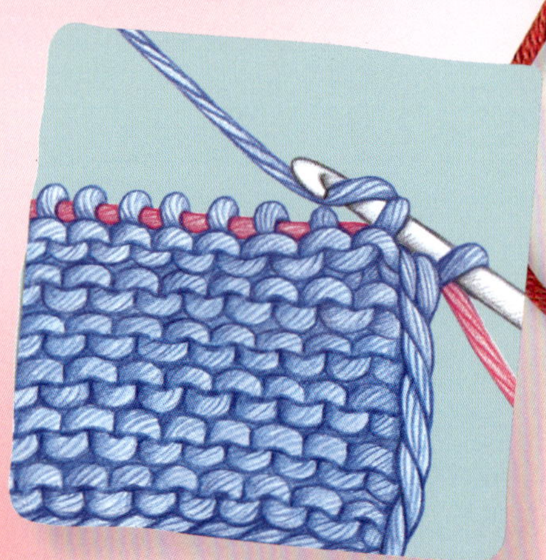

7 Lege den Faden zwischen der Randmasche und der nächsten Masche nach hinten und knooke die folgenden Maschen rechts.

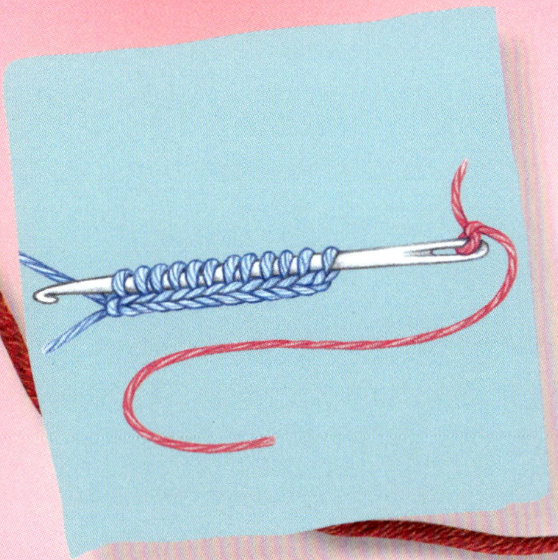

4 Ziehe zuerst die Nadel und dann den Faden nach links durch die Maschen, bis alle Maschen auf dem Hilfsfaden liegen.

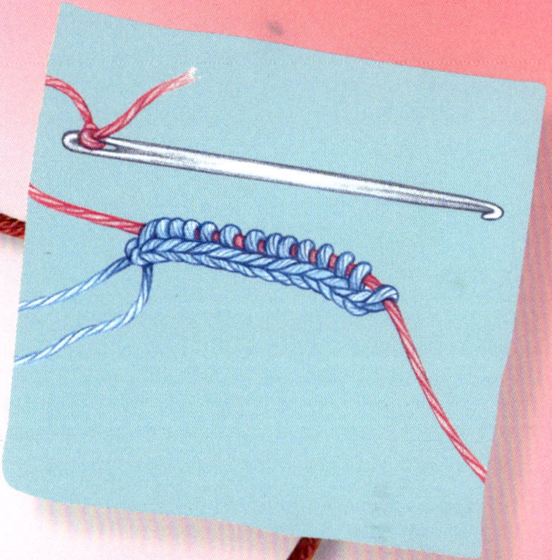

3 Das machst du bis zum Ende der Reihe immer wieder so. Fädle einen Hilfsfaden in einer anderen Farbe und doppelt so lang wie deine Luftmaschenkette in das Öhr deiner Knookingnadel und knote ihn fest.

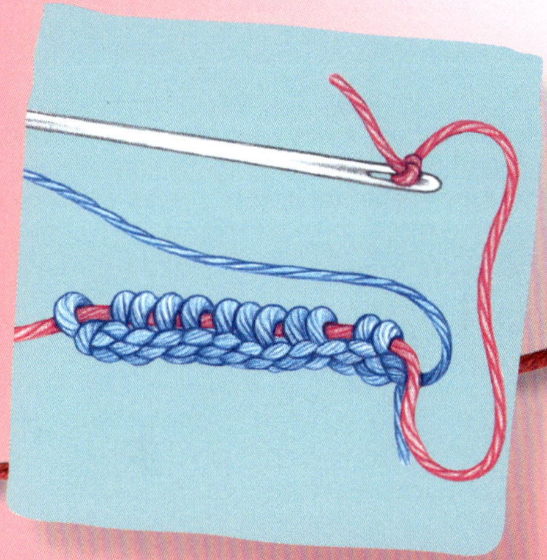

5 Dreh deine Arbeit um, damit dein Arbeitsfaden wieder am Anfang der Reihe ist.

8 So gehen rechte Maschen: Steche von rechts nach links in die Masche, hole mit dem Häkchen von unten kommend den Faden, zieh ihn durch und lass die Schlinge als Masche auf der Nadel liegen.

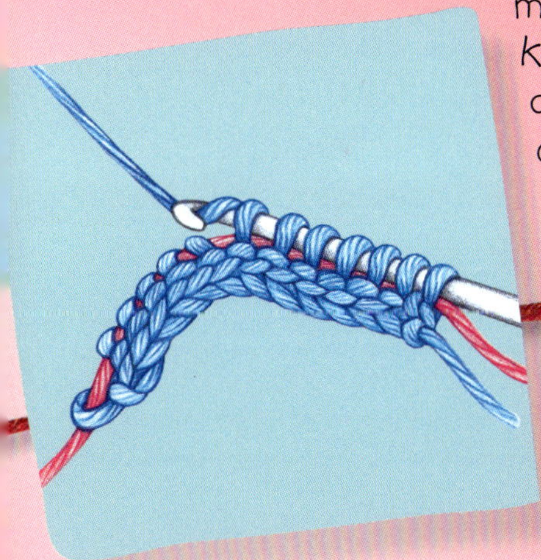

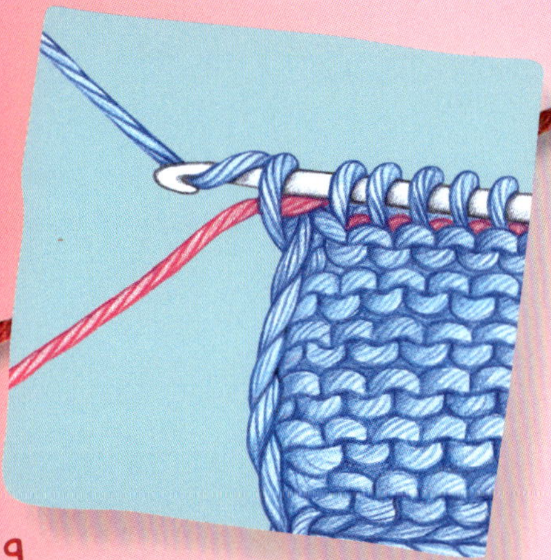

9 Am Ende der Reihe knookst du auch die letzte Masche rechts.

10 Jede zweite Reihe sieht aus wie eine Rippe, deshalb sind Vorder- und Rückseite gleich. Das Muster heißt (wie beim Stricken) kraus rechts.

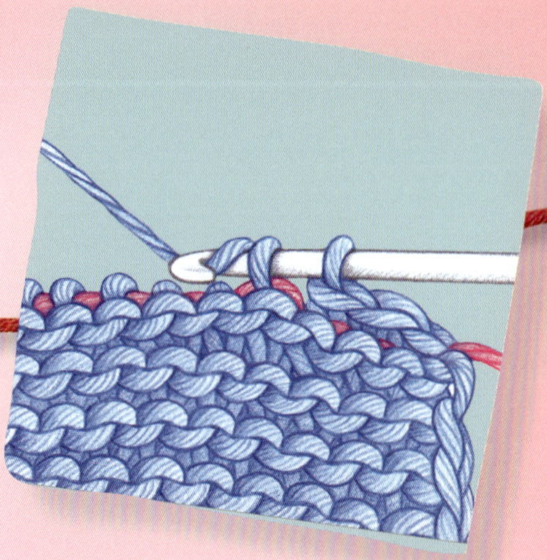

11 So machst du die letzte Reihe: Knooke hier auch die erste Masche. Steche in die nächste Masche ein und hole den Faden durch. Fasse den Faden nochmal an und...

14 Stopfe das entstandene Beutelchen mit Füllwatte aus.

15 Lege die offenen Kanten so aufeinander, dass die genähte Naht in der Mitte liegt. Nähe die offenen Kanten im Steppstich zusammen = hintere Naht.

16 Ziehe mit Hilfe der Nadel 3 Fäden (je ca. 20 cm) bis zur Mitte durch die hintere Naht. Fasse 3 mal je 2 Fäden zu einem Strang zusammen und flechte einen Zopf. Verknote das Zopf-Ende.

12 ziehe den Faden durch beide Maschen. Mach so weiter, bis alle Maschen abgekettet sind. Schneide den Faden ab und ziehe ihn durch die letzte Schlinge. Zieh zum Schluss den Hilfsfaden heraus.

13 Knooke ein Rechteck aus 13 Reihen. Klappe das Rechteck zusammen und nähe 2 der 3 offenen Kanten im Steppstich zusammen, dazu stichst du die Nadel von oben nach unten durch beide Lagen des Gestricks (= einstechen) und nach 1 -1,5 cm von unten nach oben wieder ausstechen. Dann in der Mitte des letzten Stichs wieder einstechen und nach 1 -1,5 cm wieder ausstechen.

14 Schneide aus den Filzresten Dreiecke für die Ohren, Kreise für Augen und Nase und ein Rechteck für den Mund aus und klebe sie mit kleinen Fädchen für die Schnurrhaare auf.

Krimskrams-Körbchen

Alles, was bisher keinen Platz hatte, findet in diesen Körbchen bestimmt einen. Du kannst sie natürlich auch als Kuschelkörbchen, zum Beispiel für die Babykätzchen von Seite 14, verwenden.

Das brauchst du:

- mittelstarkes Garn in deiner Wunschfarbe
- geknooktes Viereck (37 Maschen, 92 Reihen) 20 x 40 cm
- Garnreste in anderer Farbe oder Geschenkband

So geht's:

1 Schlage 37 Luftmaschen an. Schau noch mal auf Seite 8. Da ist erklärt, wie es geht. Fasse aus der Luftmaschenkette zur 1. Masche noch 36 Maschen auf.

4 Binde die Enden zusammen und mache eine Schleife. Wenn du die Ecken mehr nach innen abbindest, wird der Rand höher und die Körbchenfläche verkleinert sich.

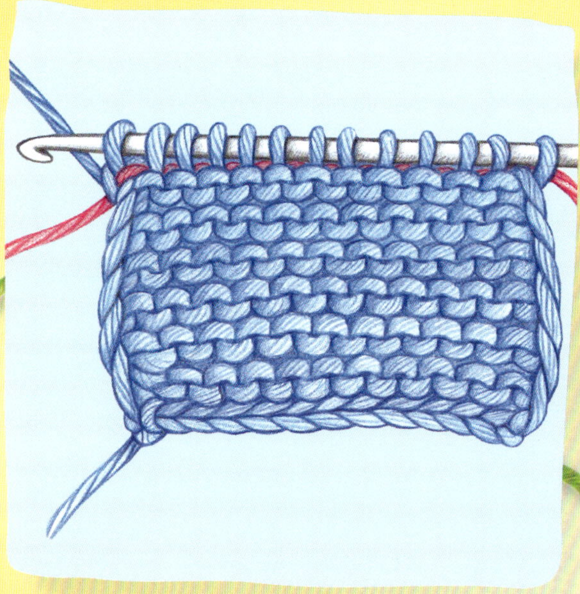

2 Knooke 92 Reihen kraus rechts wie auf Seite 16 beschrieben. Dann kettest du alle Maschen ab, siehe Seite 18.

3 Schneide 4 Fäden oder Geschenkbandstreifen von 20 cm Länge ab. Lege um jede Ecke des geknookten Vierecks einen Faden oder einen Bandstreifen.

5 Mach das an allen vier Ecken so.

Hüpf-Frösche

Die sind einfach unübertrefflich zum Spielen! Lass sie hüpfen und rollen und versuch sie zu fangen, sie werden eine andere Richtung nehmen, als du denkst.

Das brauchst du (für einen Frosch):

- mittelstarkes Garn in Grün
- geknooktes Viereck (30 Maschen, 47 Reihen) 15 x 15 cm
- Garnrest in Schwarz
- Filzreste in Grün, Schwarz und Weiß
- 2 Moosgummirädchen in Grün, ca. 1 cm Durchmesser
- Tennisball
- Bastelkleber

So geht's:

1 Schlage 30 Luftmaschen an. Schau noch mal auf Seite 8. Da ist erklärt, wie es geht. Fasse aus der Luftmaschenkette zur 1. Masche noch 29 Maschen auf.

2 Knooke 47 Reihen kraus rechts wie auf Seite 16 beschrieben. Dann kettest du alle Maschen ab, siehe Seite 18.

4 Zeichne auf den grünen Filzrest mit Bleistift oder Kreide 4 Froschfüße (ungefähr 5 cm breit) und schneide sie aus.

3 Schlage den Tennisball in das geknookte Viereck ein und binde die überstehenden Kanten mit einem grünen Faden fest zusammen.

5 Ziehe die herausschauenden Ecken des geknookten Vierecks glatt und klebe auf jede Ecke einen Filzfuß.

6 Schneide aus weißem und schwarzem Filz Augen aus und klebe sie auf die Moosgummirädchen.

7 Klebe die Augen und einen dunklen Faden als breites Froschmaul auf die grüne Kugel.

Hängeherzen

Ein tolles Geschenk für Mama und alle anderen Menschen, denen du zeigen möchtest: Ich mag dich. Auch als Deko bringen die Herzen Fröhlichkeit und Farbe in dein Zimmer.

Das brauchst du:

- mittelstarkes Garn in Rot, Orange und Pink
- geknookte Quadrate (20 Maschen, 33 Reihen) 10 x 10 cm
- Knöpfe, ca. 1 cm Durchmesser in passenden Farben
- Holzperlen, ca. 1 cm Durchmesser in passenden Farben
- lange, spitze Stopfnadel
- Bastelkleber

So geht's:

1 Für jedes Herz schlägst du 20 Luftmaschen an. Schau noch mal auf Seite 8. Da ist erklärt, wie es geht. Fasse aus der Luftmaschenkette zur 1. Masche noch 19 Maschen auf.

2 Knooke 33 Reihen kraus rechts wie auf Seite 16 beschrieben. Dann kettest du alle Maschen ab, siehe Seite 18.

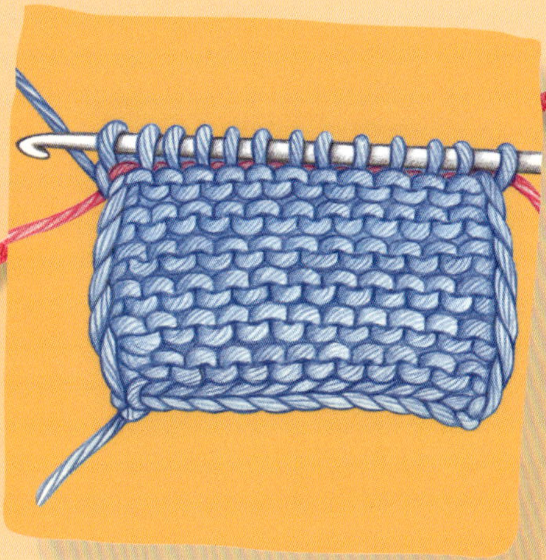

3 Knote an das Ende eines ca. 30 cm langen Fadens eine Perle und fädle das andere Ende in die Nadel ein.

6 Klebe Knöpfe auf beide Seiten der Herzen. Hänge die Herzen aneinander, indem du den Endfaden an die Holzperle des anderen Herzens knotest.

5 Mach an der Ecke einen Doppelknoten in den Faden, lass aber die Nadel eingefädelt. Klappe die Ecke in die Mitte des Quadrats und nähe sie da mit 2 Stichen fest. Stich mit der Nadel in das Herzgrübchen, zieh es ein wenig tiefer und mache nah am Herz wieder einen Doppelknoten in den Faden. Jetzt kannst du die Nadel entfernen, der Faden bleibt lang.

4 Nähe den Faden im Heftstich diagonal von einer Ecke des Quadrats zur gegenüberliegenden, dazu in einer Ecke mit der Nadel von oben nach unten durch das Läppchen stechen (= einstechen) und nach 1 cm von unten nach oben wieder ausstechen. Wiederhole das Ein- und Ausstechen bis zur anderen Ecke, die Stiche sollten dabei etwa 1 cm lang werden.

Kuschelkörner-Kissen

Mach's dir gemütlich: Das Kissen ist eine prima Stütze beim Lesen im Bett und läßt sich sogar erwärmen. Damit wird es richtig kuschelig an kalten Wintertagen.

Das brauchst du:

- stärkeres meliertes Garn
- geknooktes Quadrat (46 Maschen, 97 Reihen) 30 x 30 cm
- 2 Kordeln, je 30 cm lang
- 1 Paar Augen
- Garnreste in Farbe der Kordeln
- Körnerkissen (z. B. Dinkel), 20 x 20 cm
- Bastelkleber

You are

So geht's:

1 Schlage 46 Luftmaschen an. Schau noch mal auf Seite 8. Da ist erklärt, wie es geht. Fasse aus der Luftmaschenkette zur 1. Masche noch 45 Maschen auf.

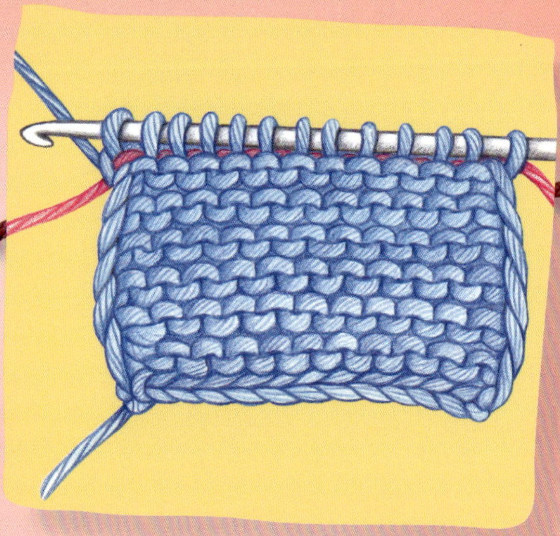

2 Knooke 97 Reihen kraus rechts wie auf Seite 16 beschrieben. Dann kettest du alle Maschen ab, siehe Seite 18.

5 Mach Schleifen in die Kordelenden.

3 Schlage das Körner-Kissen in das geknookte Quadrat ein.

4 Binde die Seiten mit den Kordeln wie ein Bonbon ab.

6 Klebe die Augen auf. Trage eine Klebstoffspur für den Mund auf und drücke vorsichtig einen Faden darauf.

Für allerei Kleinkram

Hier drin kannst du wunderbar deine kleinen Schätze verstauen! So gehen Schmuckstücke, Notizen, Figuren und andere Kostbarkeiten nicht mehr verloren.

Das brauchst du:

- mittelstarkes Garn in beliebigen Farben
- geknooktes Viereck (32 Maschen, 94 Reihen) 18 x 28 cm
- leere 1,5 Liter Wasserflasche
- Holzperlen mit großer Bohrung, ca. 1 cm Durchmesser
- lange, spitze Stopfnadel
- Bastelkleber

So geht's:

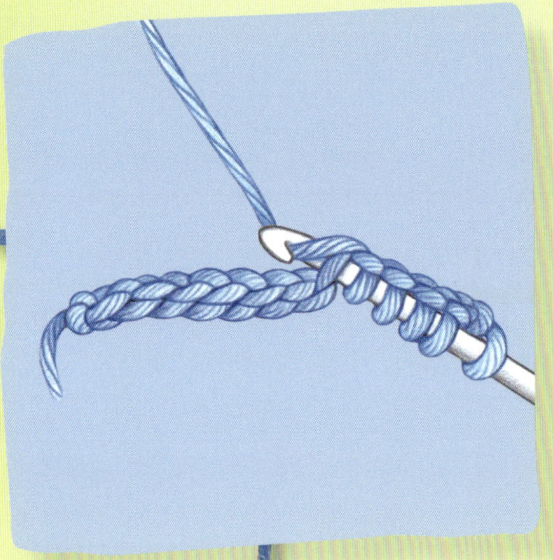

1 Schlage 32 Luftmaschen in deiner Wunschfarbe an. Schau noch mal auf Seite 8. Da ist erklärt, wie es geht. Fasse aus der Luftmaschenkette zur 1. Masche noch 31 Maschen auf.

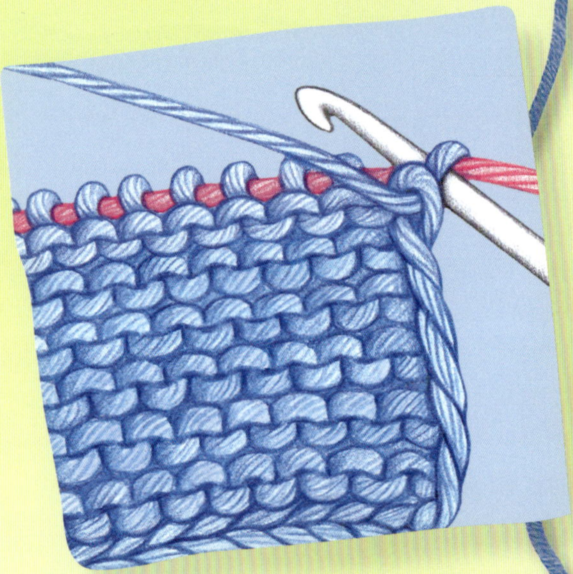

2 Knooke kraus rechts, dabei kannst du die Farben wechseln, wann du willst.

3 So wechselst du die Farben: Lege nun für die letzte Masche der Reihe den alten und den neuen Faden zusammen um das Häkchen.

4 Ziehe beide Fäden zusammen durch die letzte Masche. Dann ziehst du Nadel und Hilfsfaden wieder durch alle Maschen.

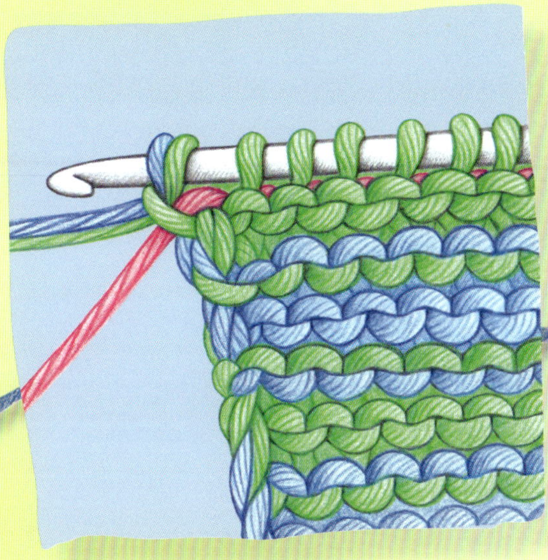

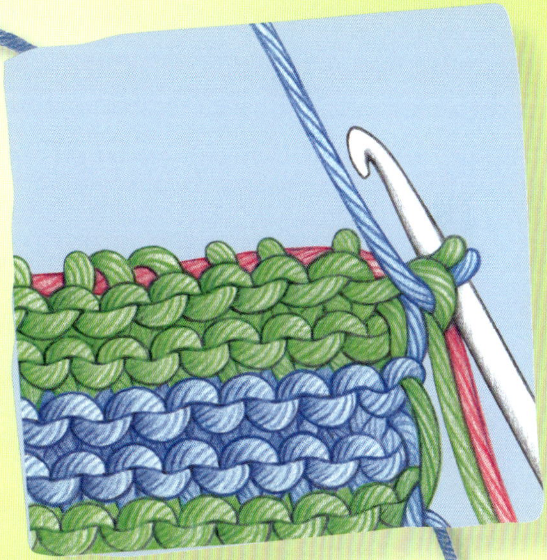

5 Stich nach dem Wenden in die 1. Masche, die nun aus 2 Fäden besteht, ein und hebe die beiden Fäden zusammen ab. Lege den neuen Faden nach hinten.

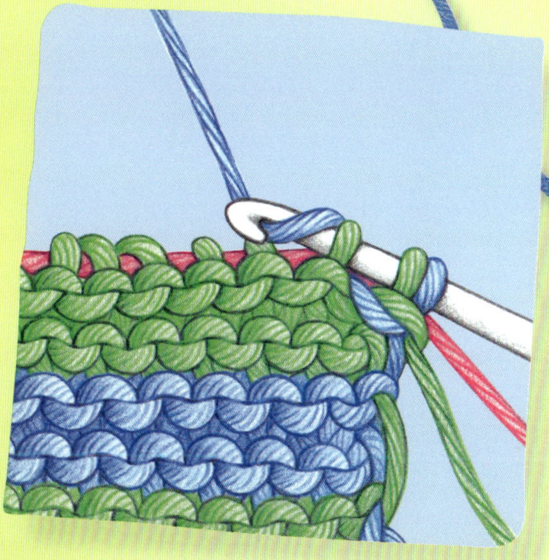

6 Knooke nun mit dem neuen Faden weiter. Wenn du 2 bis 3 Maschen geknookt hast, ziehe die beiden Fäden etwas an. Am Ende der nächsten Reihe knooke beide Fäden als eine Masche. Wenn du 94 Reihen mit bunten Streifen geknookt hast, kettest du alle Maschen ab, siehe Seite 18.

7 Schneide mit einer Schere den unteren Teil der Flasche ab, so dass ein etwa 14 cm hoher Becher entsteht. Lege ihn auf das gestreifte Viereck.

8 Klappe das Viereck um den Becher und nähe die Ränder im Überwendlichstich zusammen. Stich dafür mit der Nadel im Abstand von ½ cm immer von vorn nach hinten durch beide Kanten, dabei legt sich der Faden um die Kanten. Schiebe die offene Seite des Bechers ganz an die Stoffkante.

9 Stich mit Nadel und Faden im Heftstich, siehe Seite 31, einmal rund um die andere Stoffkante, ziehe dann an beiden Fadenenden damit sich der Stoff zusammenzieht und verknote die Fadenenden fest.

10 Drehe mit 4 Fäden eine ca. 80 cm lange Kordel. Schneide dafür Fäden, die 320 cm lang sind. Binde alle Enden um eine Türklinke, stecke eine Häkelnadel oder einen Kochlöffel in die Mitte der doppelt liegenden Fäden und verdrehe die Fäden eng. Fasse die Mitte der gedrehten Kordel, bringe den Kochlöffel zur Türklinke und lasse die Mitte los. Die beiden Kordelabschnitte werden sich zu einer dickeren Kordel verdrehen. Verknote die Kordelenden 10 bis 15 cm von ihren Enden entfernt.

11 Klebe die Kordel mit dem Knoten an der Unterseite um den Becher. Binde einen Faden um die Oberkante des Bechers und die Kordel bis der Kleber getrocknet ist.

12 Fädle eine Perle auf einen der Fäden unter dem Becher und knote das Fadenende mit einem zweiten Faden zusammen. Mache das mit allen weiteren Fäden ebenso.

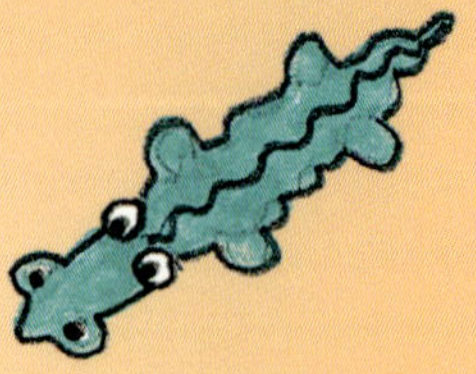

Krokodil zum Wärmen

So ein Krokodil hat nicht jeder! Denn dieses ist nicht gefährlich, sondern eher kuschlig! Leg es an Tür oder Fenster und die Kälte bleibt draußen.

Das brauchst du:

- mittelstarkes Garn in Grün, Blau und Petrol
- geknooktes Viereck (52 Maschen, 238 Reihen) 25 x 60 cm
- Filzreste in Weiß und Grüntönen
- 1 Paar Stoff-Augen
- 2 alte Socken
- Füllwatte
- Bastelkleber

So geht's:

1 Schlage 52 Luftmaschen in Grün an. Schau noch mal auf Seite 8. Da ist erklärt, wie es geht. Fasse aus der Luftmaschenkette zur 1. Masche noch 51 Maschen auf.

2 Knooke kraus rechts, dabei machst du immer 34 Reihen in Grün, Blau und Petrol im Wechsel. Wie der Farbwechsel geht, steht auf Seite 38. Kette nach 238 Reihen, das ist nach 7 Farbstreifen, alle Maschen in Grün ab, siehe Seite 18.

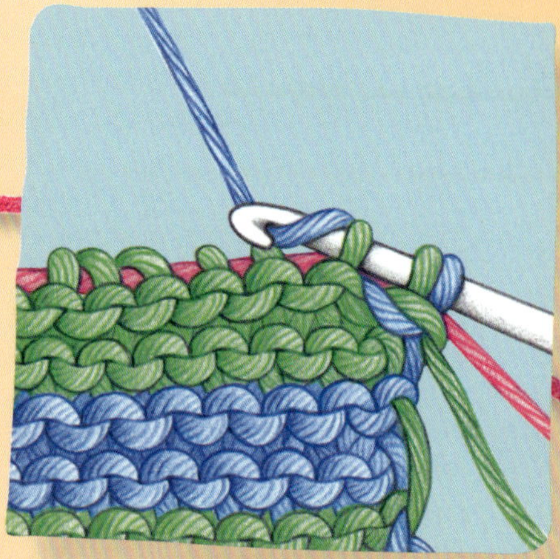

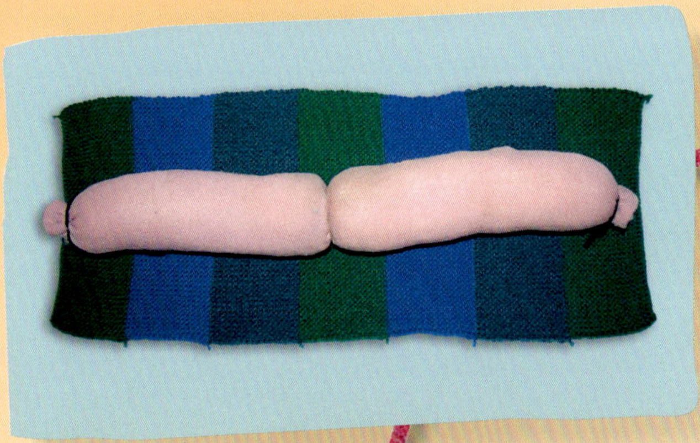

3 Stopf die Socken fest mit Füllwatte aus und binde sie zu. Lege sie nebeneinander auf das geknookte Rechteck.

4 Klappe das Rechteck um die „Sockenwürste" und binde Fäden an Anfang und Ende sowie einige Male in der Mitte darum.

7 Schneide aus grünem Filz vier Füße (ca. 8 cm lang) und aus den übrigen Filzresten viele Kreise aus.

8 Klebe die Füße unter das Krokodil, Kreise und Augen auf die Oberseite.

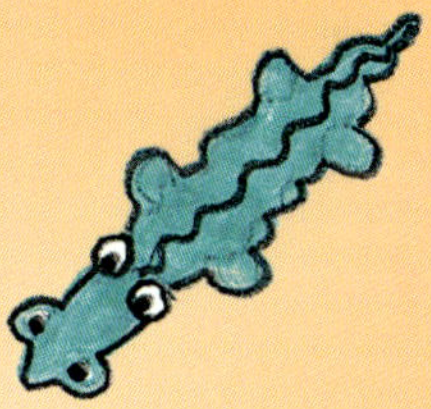

6 Trage an einem Ende des Krokodilkörpers rechts und links je einen 15 cm langen Streifen Kleber auf und drücke die Dreiecke wie auf dem Bild gezeigt als Zähne darauf.

5 Schneide den weißen Filz in 4 bis 5 cm breite Streifen, die du dann in Dreiecke teilst.

Impressum

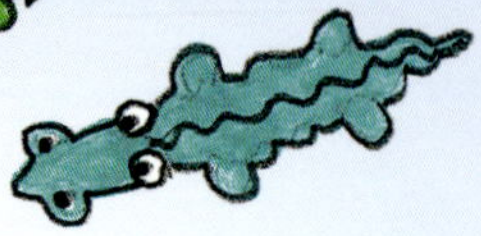

Entwurf und Realisation: Sybille Rogaczewski-Nogai
Fotos: Uli Glasemann
Styling: Elke Reith
Arbeitsfotos: Sybille Rogaczewski-Nogai
Illustrationen: Annette Gack
Lektorat: Birgit Rath-Israel
Redaktion: Angelika Klein
Satz: Monika Kohlberger
Covergestaltung: GrafikwerkFreiburg
Reproduktion: RTK & SRS mediagroup GmbH
Druck und Verarbeitung: Polygraf Print, Slowakei

ISBN 978-3-8410-6375-5
Art.-Nr. 6375

Hersteller

- Buttinette Textil-Versandhaus GmbH, Wertingen
  www.basteln-de/www.buttinette.de
- Prym Consumer GmbH, Stolberg
  www.prym-consumer.com
- Rayher Hobby GmbH, Laupheim
  www.rayher-hobby.de
- schachenmayer über Coats GmbH, Kenzingen,
  www.schachenmayer.com

Kreativ-Service

Sie haben Fragen zu den Büchern und Materialien? Frau Erika Noll ist für Sie da und berät Sie rund um alle Kreativthemen. Rufen Sie an! Wir interessieren uns auch für Ihre eigenen Ideen und Anregungen. Sie erreichen Frau Noll per E-Mail: **mail@kreativ-service.info** oder Tel.: **+49 (0) 5052 / 91 18 58** Montag bis Donnerstag: 9–17 Uhr / Freitag: 9–13 Uhr

Besuchen Sie uns im Internet: **www.christophorus-verlag.de**